AF295895

MÉMOIRE

RELATIF

AU SERVICE DES COLONIES,

PAR LE CHEVALIER DENISET,

LIEUTENANT-COLONEL DU 28ᵉ DE LIGNE.

> Puisse notre voix s'élever jusqu'à l'héritier
> du trône, comme un nouveau témoignage
> de notre zèle et de notre dévouement !

À PARIS,

Chez ANSELIN, successeur de MAGIMEL, libraire
POUR L'ART MILITAIRE, RUE DAUPHINE, Nº 9.

1828.

MÉMOIRE

RELATIF

AU SERVICE DES COLONIES.

> Puisse notre voix s'élever jusqu'à l'héritier
> du trône, comme un nouveau témoignage
> de notre zèle et de notre dévouement !

Exposé sur l'état des choses.

DE toutes les nombreuses améliorations dont
l'administration de la guerre se trouve suscep-
tible, aucune ne devient plus urgente, n'est plus
généralement désirée, et ne paraît plus essentiel-
lement utile, que celles que réclame le service des
Colonies ; et il suffira peut-être, pour en recon-
naître l'impérieuse nécessité, de se reporter un
seul instant aux tristes et déplorables résultats,
trop connus pour les rappeler ici, qui ont déjà
signalé le mode désastreux d'après lequel on con-
tinue d'assurer la force militaire de nos possessions lointaines. Aussi, lorsque par tant de motifs
nous avons à nous féliciter d'avoir Monsieur le
DAUPHIN chargé de notre personnel, et quand
sa dignité de grand-amiral, ne peut le laisser
sans influence au ministère de la marine, nous
regardons le moment trop opportun pour ne pas
nous croire permis de chercher à exposer, très-
brièvement cependant, les moyens de remplacer

selon nous, un système colonial non moins incompatible avec la pluralité des goûts et les habitudes du soldat français, qu'impolitique et contraire à tous les intérêts nationaux. Au reste, S. Ex., M. le marquis de Clermont-Tonnerre, dont plus d'un acte se rappelle à notre reconnaissance, et dont il serait injuste d'oublier toutes les intentions, n'est pas sans avoir senti les conséquences fâcheuses d'une mesure adoptée dans l'espoir de remédier aux inconvéniens majeurs de l'ancienne organisation.. Mais l'expérience ayant éclairé sur les suites peu satisfaisantes du nouvel ordre de choses, il était réservé sans doute à l'active sollicitude du Prince devenu, près de son auguste père, notre intermédiaire et notre appui, de cicatriser une des plaies les plus cruelles que nous ayons eu à déplorer; et en lui devant ce nouveau bienfait, nous aimerons à confondre le juste amour que nous lui portons, avec les sentimens sincères d'une éternelle reconnaissance.

Désavantages du régime actuel.

Sans nous livrer à de longues dissertations, il est indispensable d'indiquer, néanmoins, quelques-uns des principaux désavantages qu'a présentés jusqu'ici la manière actuelle de pourvoir à nos garnisons d'outre-mer. Nous ferons, en conséquence, remarquer qu'indépendamment des vocations militaires qu'elle change, de cette espèce de décimation dont elle frappe l'armée, de l'inquiétude vague qu'elle jette dans ses rangs, qu'elle fait partager aux familles, et répand jusqu'au sein des écoles royales, il est encore, pour recourir à de plus sages dispositions, d'assez hautes considérations dans l'état de nullité où nos forces peuvent se réduire tout à coup, par les ravages affreux que les épidémies, les fièvres

·et les intempéries de nouveaux climats exercent
et renouvellent avec tant de promptitude sur les
hommes que le seul devoir conduit à la défense
de ces contrées si loin du beau sol de la France,
de tous leurs intérêts, de toutes leurs affec-
tions. La garde des colonies confiée à des trou,
pes d'Europe, relevées après un certain laps
de temps, offre donc bien des chances pour
mettre en défaut la prévoyance du gouvernement; et les transports multipliés auxquels donnent lieu les mouvemens et les besoins de ces
troupes, paraissent être aussi onéreux pour le
trésor, que les trajets sont funestes à nos compa-
gnons d'armes. D'un autre côté, la division inso-
lite d'un même corps entre les départemens de
deux ministères, renversant toutes les bases de
l'adminisiration, en entrave la marche, paralyse
le zèle, rend les mesures douteuses, élève des
débats, éternise les arrêtés, et souvent ne cons-
tate les droits que lorsqu'il n'est plus permis d'en
jouir.

*Supériorité du Système en vigueur sur le précé-
dent, et circonspection dans le choix d'un
nouveau.*

Quoi qu'il en soit, l'ordonnance qui règle en ce
moment le mode d'occupation militaire de nos
Colonies, est si supérieure à l'ordonnance de la
formation des bataillons qui en constituaient an-
térieurement la force permanente, et qui, devenus
le réceptacle du rebut de toutes les armes, firent
craindre à l'autorité les plus grands désordres,
qu'on ne saurait trop méditer sur les modifica-
tions que commande l'une, pour se préserver de
retomber dans les écueils qui se rattachent à
l'autre. Aussi, n'est-ce qu'après le plus mûr exa-
men, et y avoir été encouragé par des officiers

généraux distingués, que nous nous déterminons
à présenter le plan d'une nouvelle réorganisation,
qui nous semble autant en harmonie avec l'état et
la sûreté des lieux, qu'avec le maintien de l'ordre, et la conservation des hommes.

Organisation proposée.

Persuadé que, pour le service d'outre-mer, la
force la mieux constituée et la moins propre à
s'affaiblir est celle qui se compose d'individus
dont le moral est exempt de toute préocupation,
et qu'un libre arbitre appelle à en faire partie;
c'est avec de semblables élémens que nous proposons d'établir la nôtre, sous la dénomination de
Vélites royaux, organisés en autant de bataillons
que l'étendue de nos possessions en exige; lesquels dépendraient directement du ministère de
la guerre, pour le personnel comme pour l'administration, et seraient désignés entre eux par
un numéro d'ordre.

Passant à l'exécution; on formerait d'abord le
noyau de chaque bataillon de tous les soldats,
sous-officiers et officiers qui, dans les bataillons
d'aujourd'hui, solliciteraient de continuer à servir dans les Colonies, et ne laisseraient absolu-
ment rien à souhaiter sur le rapport de leur cons-
titution physique, de la conduite et du dévouement; soumettant d'ailleurs à cet égard, à la sé-
vère investigation des gouverneurs, toutes les
demandes, et sévissant d'une manière exemplaire
contre les chefs qui en transmettraient en faveur
de sujets ne réunissant pas toutes les conditions
rigoureusement voulues pour qu'elles soient ac-
cueillies.

S'occupant ensuite de porter les nouveaux bataillons à l'effectif d'organisation du 23 oc-
tobre 1820, on extrairait de la levée à la disposition de la guerre, les hommes qui, témoignant

le désir d'entrer dans ces bataillons, seraient re-
connus, par les attestations du maire de leur
commune et d'un officier de santé, susceptibles
d'en obtenir l'agrément.

Ce recrutement devant être, comme il est assez
naturel de le présumer, tout-à-fait insuffisant, pour
que lesdits bataillons atteignent le complet dé-
terminé, on trouverait aisément dans l'infanterie
les ressources nécessaires pour arriver à ce but,
par la quantité prodigieuse de militaires qui se
sont présentés volontairement, il y a peu de
temps, en croyant à une organisation de ce
genre. Nous rapporterons même à l'appui de
cette assertion, que dans le corps auquel nous
avons l'honneur d'appartenir, le nombre s'en est
élevé à plus de 150; et nous connaissons un ré-
giment qui aurait pu fournir un contingent de
600 hommes. Toutefois nous pensons, bien con-
vaincu de la facile application de cette mesure
complémentaire, qu'on devrait se restreindre à
n'accepter que des sous-officiers et soldats ayant
encore au moins trois ans de service à faire. Quant
aux qualités morales et autres à exiger, elles seraient l'objet tout particulier d'une surveillance
scrupuleuse de la part du maréchal-de-camp de
chaque subdivision, à qui l'on recommanderait en
outre de mettre d'autant plus de choix dans les
sous-officiers, qu'ils auraient à espérer, par leur
destination, un avancement plus certain.

Ce serait également sur les demandes de passer aux Colonies, formées par les officiers des
corps, dont les cartons du ministère de la guerre
sont, dit-on, encombrés, que l'on nommerait aux
places disponibles dans les cadres des bataillons
de nouvelle création; et, à ce sujet, nous ferons observer que le mérite des services, l'édu-
cation, les mœurs et les principes de chaque can-
didat, devraient seuls décider des préférences à
accorder.

Chacun des bataillons précités aurait, pour lui tenir lieu de musique, une fanfare composée de clairons à clefs; à cet effet, il en serait accordé un par compagnie, et le nombre des tambours serait, en conséquence, réduit de moitié.

Les compagnies ou détachemens d'artillerie et du génie, actuellement aux Colonies, subiraient une formation semblable à celle que nous venons d'indiquer.

C'est ainsi qu'ajoutant aux garanties du gouvernement, on donnerait, au-delà des mers, une idée de notre armée, digne de flatter l'amour-propre national, et digne de la tenue, de l'instruction, de la discipline et du dévouement qui, après tant de souvenirs de gloire, en sont aujourd'hui les caractères distinctifs. De son côté, le Colon français, dont les riches domaines sont loin d'être étrangers à la prospérité de la mère-patrie, verrait avec gratitude dans les soins apportés à recomposer sa force militaire, un témoignage tout particulier pour lui, de l'intérêt et de la bienveillance du roi, dont tant d'actes de sollicitude et de munificence ont dejà prouvé qu'il confond dans son cœur, avec un égal amour, ses sujets des deux mondes.

Recrutement.

Afin qu'en principe les nouveaux bataillons se maintiennent au complet, fixé toujours, autant que faire se pourra, suivant les moyens qui ont servi à leur organisation, il leur serait envoyé à cet effet, tous les ans, pour remplacer les militaires à libérer et les pertes connues, les hommes nécessaires se présentant volontairement, ayant l'aptitude requise, et recrutés à la fois dans la masse des appelés par la dernière ordonnance royale, et dans les quarante-deux régimens les plus rapprochés des lieux d'embarquement.

Si, contre toute attente, cependant ce mode ne

remplissait pas entièrement son objet, on pourvoirait alors à ce qui manquerait à l'effectif de ces bataillons, en les comprenant dans la répartition générale des jeunes soldats destinés à alimenter l'armée, en vertu de la loi du 10 mars 1818, et désignant par le sort ceux qu'ils devraient recevoir. Au surplus, nous n'indiquons cette ressource légale que pour aller au-devant des objections sur le recrutement que nous avons d'abord indiqué comme pouvant satisfaire à tous les besoins, et parce qu'il nous reste à ajouter sur notre sujet, on partagera bientôt notre intime conviction.

Avancement.

Récompense d'anciens services, prix du mérite et de belles actions sans distinction du rang des grades, espoir du zèle et du dévouement, puissant moteur, enfin, des plus nobles rivalités, l'avancement, qu'éclaire constamment la justice du prince, est la vie de la carrière des armes ; il excite l'ardente émulation des braves, les affranchit à jamais des craintes du péril qu'il couvre de lauriers, rend tout possible, justifie l'ambition, et montre sans limites tous les degrés de la gloire.

Mais s'il convient, lorsque l'avancement décide de tant d'avenirs, d'en bien asseoir et surtout respecter les bases fondamentales, il est des positions où elles doivent cesser d'être applicables. Aussi, imaginant qu'on ne peut rien faire de mieux que de prendre de tous les temps ce qui en est bon et salutaire, nous réclamerions quelques avantages, comme autrefois, en faveur de ceux qui iraient servir aux Colonies.

Nous voudrions donc que l'on portât sur un tableau spécial d'avancement les soldats, caporaux, sous-officiers et officiers jusqu'aux grades inclus de lieutenant qui, susceptibles d'en obtenir aux termes de la loi et des ordonnances qui le règle, témoigneraient en France le désir de faire partie de nos vélites royaux, pour y passer, au choix du roi, avec un grade supérieur, à la date du jour de leur embarquement.

A l'organisation des bataillons, ces grâces seraient déterminées par la quantité des emplois à occuper; par la suite il n'y aurait que le sixième des vacances de réservé aux caporaux, sous-officiers et officiers de la ligne, qui d'ailleurs ne seraient promus à leur nouveau grade qu'à l'époque de la conduite des recrues. Quant aux militaires des Colonies, il leur serait dévolu le tiers des vacances à l'ancienneté et la moitié au choix du roi; mais dans les cas extraordinaires où il manquerait totalement de sujets, l'avancement tournerait au profit des candidats d'Europe.

Retraite.

Par une conséquence naturelle des avantages qu'il paraît utile d'accorder aux serviteurs d'outre-mer, leur retraite, mise en rapport avec les fatigues et les insalubrités qu'ils ont à essuyer, serait acquise à vingt-quatre ans de service, leurs campagnes réduites à seize, les années de paix comptant pour six mois dans le nombre. Ils jouiraient, indépendamment de ces améliorations, de la retraite du grade supérieur, lorsqu'ils auraient exercé les fonctions du leur, dans les Colonies, pendant l'espace de six ans.

Tenue.

Les Français attachant assez de prix à ce qui les flatte plus ou moins dans l'uniforme qu'ils portent, il ne saurait être indifférent d'en donner un aux vélites royaux qui, convenable aux pays qu'ils auraient à habiter, et sans nuire à la commodité, puisse leur paraître agréable : le silésie, le camelot, le bouracan, la serge et le coutil, ne pourraient y être employés que très-avantageusement, et le rendre, en définitive, beaucoup moins dispendieux que le nôtre.

On pourrait, par exemple, choisir le vert pour fond de l'habillement, et la garance pour couleur distinctive, et conserver la forme de nos vêtemens; seulement le collet d'habit serait échancré au lieu d'être fermé, tant cette coupe est propre à causer d'accidens inflammatoires, de vertiges et de coups de sang. Les officiers des compagnies porteraient autour du collet et des paremens une petite baguette brodée à dents; les chefs des bataillons en auraient deux, la première toute unie. Les insignes et ornemens des officiers seraient en argent; dans la troupe, où tous les soldats porteraient l'épaulette, ils seraient en écarlate pour les grenadiers, en blanc pour les fusiliers, et en jonquille pour les voltigeurs. Le pantalon d'hiver serait en étoffe et de la couleur distinctive; celui d'été serait en coutil blanc. Le schakos serait en feutre ou cuir verni écarlate; le calot et la visière seraient noirs. Toutes les buffleteries seraient en cuir verni écarlate. Enfin, le brodequin remplacerait le soulier, autant pour perfectionner la chaussure, que pour débarrasser le petit équipement d'un tas de ces effets qui, désespoir des marches, exigent un entretien continuel et sont toujours, quoi qu'on fasse, les plus faibles côtés de la tenue.

Dispositions sanitaires.

Les mesures sanitaires déjà prises par l'autorité, et les sages avis qu'elle a recueillis sur les moyens de les multiplier autant que possible dans l'intérêt du soldat des Colonies, nous dispensent de parler des soins qui se rattachent à la nature, la qualité, la quotité des denrées dont se composent ses alimens, de revenir sur les excès à lui faire redouter, sur la conduite à tenir et les précautions à prendre, lorsqu'il n'est point fait encore aux influences du climat; nous nous bornerons à exposer quelques idées sur le casernement. Quoiqu'il soit probable que des personnes d'un mérite très-supérieur aient dû nous prévenir relativement à cet objet, nous n'en ferons pas moins part, tant de petits détails, souvent bien plus utiles que frappans, échappent aux grandes vues qu'on embrasse, de ce qui nous semble pouvoir concourir au but des améliorations que l'on doit rechercher. D'abord, ne partageant pas le sentiment de concentrer les forces dans une même caserne, nous préférerions des établissement disposés pour ne recevoir que des demi-bataillons. Ainsi, au lieu d'élever ou de réparer à grands frais de vastes quartiers, nous nous procurerions des habitations isolées, bien situées, et dont de simples mouvemens de terre par la garnison, et quelques palissades, fermeraient l'enceinte, et, au besoin, pourraient en défendre l'approche.

Lorsque le lieu d'occupation nécessiterait deux bataillons, la première station serait rapprochée de la basse terre autant que l'exigerait le service, dont elle serait chargée une semaine dans les temps qui réclament le plus de précaution pour la santé, et un mois aux époques ordinaires ; les autres stations s'éloigneraient par échelon en rentrant le plus possible dans l'intérieur, et conservant entre elles des communications faciles. Le demi-bataillon quittant le service se porterait au dernier emplacement, et les autres demi-bataillons appuyeraient vers celui de la droite, pour venir l'occuper successivement : de cette manière les hommes se feraient peu à peu aux effets de la température. Si la force du cantonnement n'était que d'un demi-bataillon ou d'un bataillon, on prendrait, par compagnie ou deux compagnies, des dispositions analogues à celles indiquées pour deux bataillons. Dans le cas où ce mode de prévoyance sanitaire paraîtrait peu exécutable, par les difficultés de trouver les localités nécessaires, on pourrait substituer des tentes aux premières habitations, et la position la plus reculée servirait alors de caserne générale.

Exercices et autres emplois du temps.

Former le soldat pour la guerre, le rendre agile, et le sauver, en l'occupant, des dangers de l'oisiveté, tels sont, pendant la paix, les vrais résultats à obtenir de nos soins à développer son intelligence militaire. Il est seulement fâcheux qu'on ne cherche à atteindre ce but, qu'en perdant journellement plus de deux heures à faire manier le fusil avec une précision aussi longue et fastidieuse à enseigner, que pénible et inutile à apprendre. Espérons qu'il sera un temps où, revenu sur la perfection minutieuse des mouvemens, on n'attachera plus de prix qu'aux effets essentiels de l'arme, comme à l'éclat brillant de son poli on a fini par préférer, de nos jours, le mat conservateur.

En attendant qu'il en soit ainsi, nous réduirions l'exercice dans les Colonies, bien plus par motif de santé que par tout autre, à un seul par jour pour les recrues, et à un seul par semaine pour les anciens soldats. Dès que les recrues sauraient charger avec facilité et vivement, laissant à l'amour-propre à les porter à se fortifier d'eux-mêmes sur les autres détails de la première école, on passerait à l'école de peloton, qui serait rapidement parcourue : l'école de bataillon serait la seule sur laquelle on s'appesantirait et sur laquelle on reviendrait sans cesse. Les anciens soldats ne pratiqueraient jamais qu'elle et les évolutions de ligne, s'il était possible de s'en occuper. D'un autre côté, le tir étant, en campagne, le point de grande importance, tous les hommes sachant charger un fusil, y seraient exercés régulièrement une fois tous les quinze jours, et brûleraient chacun quatre cartouches à balles.

L'instruction ainsi réglée, n'éprouverait aucune variation dans le cours de l'année; ce qui, en conséquence, éviterait l'ennui mortel d'en reprendre les premiers principes à tous les retours du printemps. Mais comme aussi peu d'exercice laisserait à notre vélite de nombreux loisirs dont il pourrait être imprudent, autant dans son intérêt personnel que dans celui du service, de lui abandonner l'entière disposition, ce serait au profit de sa santé et de sa noble profession, qu'on emploierait une partie des instans qui lui resteraient disponibles.

A cet effet, il serait souvent exercé à des heures et momens favorables, à l'escrime, la danse, la natation, aux marches, et aux ruses de guerre; il suivrait des cours de lecture, d'écriture et d'administration; on lui ferait des théories sur le démontage et remontage des armes, les moyens de s'en servir avec avantage, et de les bien entretenir; on le formerait à la connaissance de tout ce qui le concerne dans les règlemens de place et de campagne; ayant attention de mettre assez de tact et de variété dans ces diverses occupations, pour qu'en passant de l'une à l'autre il trouve plutôt du délassement à s'y livrer, que d'en éprouver de la fatigue et du dégoût. Nous voudrions également que notre vélite fût rendu familier avec les pratiques gymnastiques qui fortifient le corps, et lui donnent le plus d'agilité et de souplesse; nous voudrions enfin, que, pris sur les retenues des punitions, des travailleurs, etc., l'ordinaire pouvant s'en passer, il trouvât dans ses quartiers des jeux manuels, qui ajoutent à le distraire et à l'amuser, et ôtent à son imagination jusqu'au soupçon que le climat qu'il habite puisse lui être fatal.

Mouvemens.

Le gouvernement pouvant trouver convenable d'empêcher que les troupes des Colonies ne se fassent à trop d'habitudes locales, ou par d'autres vues puisées dans sa sagesse, les bataillons dont nous proposons la formation, seraient susceptibles de passer alternativement de l'une à l'autre de nos possessions d'outre-mer, après avoir, toutefois, occupé au moins pendant trois ans celle qu'ils devraient quitter, si de fortes raisons ne rendaient point leur changement de station plus promptement nécessaire.

Inspection générale.

Indépendamment des inspections extraordinaires qu'il plairait au roi d'ordonner et de faire passer par un officier général envoyé d'Europe à ce dessein, il y aurait tous les ans, dans chaque colonie, une inspection générale comme la nôtre, qui serait confiée aux soins de la première autorité militaire des lieux. Chargé d'une mission si importante et si moralement difficile, cet inspecteur naturel, tel que le serait en France un lieutenant-général pour les corps sous ses ordres, ne pourrait qu'inspirer la confiance, par la facilité qu'il aurait journellement d'éclairer sa justice, et de fixer son opinion sur les sujets qu'il devrait examiner. Nul doute qu'il aimerait à convaincre, par les effets de ses actes, qu'il sait qu'on ne remplit une tâche aussi délicate, à la satisfaction de tous, qu'en se pénétrant bien que c'est sur le rappro-

chement des anciennes et nouvelles notes, l'obser-
vation, l'étude des moyens, qu'on parvient à con-
naître le mérite de chacun; nul doute encore, qu'il
prouverait qu'il sait qu'on ne peut trop se défendre
de ces semi-confidences, ces sourdes délations, et
surtout de ces doutes avancés sur les principes
pour s'en faire dans l'ombre des titres recommman-
dables, qui laissent dans l'esprit des préventions
involontaires, et vous font détruire, souvent sans
retour, l'existence militaire de serviteurs fidèles et
dévoués, que le zèle, l'instruction, la conduite, ou
que d'honorables antécédens, de longs travaux,
des fatigues, des blessures, semblaient si puis-
samment recommander à la faveur royale.

Police et Discipline.

Nos règles de police et de discipline seraient ap-
pliquées aux nouveaux bataillons, et devraient
constamment rappeler, que la sévérité dans l'exi-
geance des devoirs peut s'allier à la fois avec cette
bonté, cette douceur, cette urbanité, si propres à
rendre le service agréable et à le faire continuer.

Administration.

Quant à l'administration, elle aurait les mêmes
bases que celles qui nous régissent. Seulement,
afin de pourvoir plus facilement et plus promptement aux remplacemens des effets et aux besoins
du linge et chaussure, il serait formé sur les lieux,
dans les magasins de l'Etat, un approvisionnement
général et suffisant de tout ce qui compose l'habillement, le grand et le petit équipement. Le ca-
chet ministériel serait apposé sur tous les effets,
pour attester qu'ils n'ont été expédiés qu'après vé-
rification. La délivrance de ces différens effets au-

rait lieu sur un état sommaire signé des membres
du conseil de la partie prenante, visé par l'autorité ayant sa police administrative, et porté en
recette dans ses comptes matières et finances. Cette
mesure offrirait l'avantage de délivrer les conseils
de confections difficiles, de leur ôter la responsa-
bilité des marchés ; et il en résulterait, dans les
cas de mouvemens, des transports de moins à
payer pour le trésor, et moins d'embarras pour
les corps. En ce qui concerne la solde, qui rece-
vrait d'abord par imputation le montant du linge
et chaussure délivré, il suffirait de simples vire-
mens entre les départemens de la guerre et de la
marine, pour en assurer tous les paiemens ; lesquels s'effectueraient les 14 et 29 de chaque mois,
pour la régularité des écritures. Nous terminerons
ici les légers développemens qui ont dû suivre les
détails dans lesquels nous sommes entrés.

Résumé.

Guidé par des intentions pures, et dégagé de
tout intérêt personnel, au résumé, nous avons
voulu prouver la nécessité de détourner de l'armée un fléau sans gloire et sans limites, et l'importance de donner aux Français, à nos frères
d'outre-mer, des forces permanentes honorables, formées sans aucune contrainte, de là moins
sujettes aux épreuves des climats, et qu'on
pourrait, au besoin, faire permuter entr'elles.
Par une suite toute conséquente, nous avons
cherché à attacher de la considération aux corps
destinés à représenter au loin les soldats d'Auster-
litz et du Trocadero ; à flatter les goûts et les es-
pérances des braves appelés à remplacer le timide
devoir par les chances plus heureuses d'un élan

volontaire ; enfin , sans parler d'économies proba-
bles, nous avons cherché à concilier les vues pru-
dentes de l'Etat avec la sollicitude naturelle des familles. Puisse donc le sentiment qui sut animer
nos efforts pour que l'on trouve de tels avantages dans l'ensemble de l'organisation que nous
venons de proposer, ne point nous abuser sur le
succès de nos résultats ; et puisse alors, récompense de nos travaux, puisse notre faible voix
s'élever jusqu'à l'héritier du trône, comme un
nouveau témoignage de notre zèle et de notre
dévouement !

Le Chevalier DENISET,

Lieutenant-Colonel du 28e de Ligne.